RECIT
DE L'ARRIVEE
ET ENTREE
SOLENNELLE
DV SEIGNEVR
CHARLES GONZAGVE
DE CLEVES,

Duc de Neuers & de Rethel, Pair de France, Prince Souuerain d'Arques, Marquis de l'Isle, Comte de S. Manuldes, Gouuerneur & Lieutenant general pour sa Majesté tres-Chrestienne és Prouinces de Champaigne & Brie.

Faicte à Rome le 25. Nouembre 1608. & de la Caualcade de S. E. au Consistoire public & autres particularitez.

Discours Italien imprimé à Rome, chez Iaques Mascardi, traduit en François.

A LYON,
PAR CLAVDE LARIOT.
M. DC IX.
Auec permission des Superieurs.

A L'ILLVSTR.^me ET EXCELL.^me
SEIGNEVR D. ALEXANDRE
CONTI SFORZA:

Duc de Segni, Prince de Valmonton, Conte de S.
Fiora, Marquis de Proceno, & Cheualier des
deux Ordres de S. M. tres-Chrestienne.

A Qui plus-tost que à V. E. deuoit
estre dedié ce petit discours, icelle estant Cheualier de ce Roy lequel n'a son parangon au monde
au faict des armes, & tres-affe-
ctionnée à celle belliqueuse nation, laquelle au iu-
gemēt des mesmes Pontifes Romains, est appellée
le mur inexpugnable de la saincte Eglise, & le
Carquois enceint au flanc de IESVS-CHRIST,
d'où il trie des fleches pour foudroyer les nations
barbares & idolatres. Il estoit donc bien raisonna-
ble que Rome feist des demonstrations extraordinaires d'allegresse, à la comparition d'vn si grand
Prince, accompaigné de tant de signalez &
qualifiez Seigneurs pour rendre l'obeissance deuë
à ce sainct Siege tant de fois & auec tant d'ar-

mées & tant de ſang eſpandu, maintenu & deſ-
fendu par leurs armes. Que V.E. doncques accepte
en ſi petit preſent la grande volonté du donateur,
& comme elle a eſté vne noble partie de ce triomphe & gloire Françoyſe, auſſi d'vne generoſité
reſpondante à ſon nom de S F O R C E, me daigne
faire part à ſa faueur, me cheriſſant, & me te-
nant touſiours ſoubs ſa protection.   De Rome le
dernier Nouembre 1608.

De S. E. Illuſtriſs.^me

Seruiteur tres-humble,
GEORGE PORTIO.

LE RECIT
DV TRIOMPHE
FAICT

A l'arriuee & entree de Monseigneur le
Duc de Neuers, en la Ville de Rome,
le 25. Nouembre 1608.

A main de Dieu n'eut pas plus-
toft placé au fiege de S. Pierre, &
de Vicaire des Papes faict deuenir
Vicaire de Iefus-Chrift, & chef
vifible de fon Eglife, le Treffainct
Pontife PAVL V. Romain de patrie, aupara-
uant appellé Camille, de l'ancienne & noble famille des Borguezi, que le bruit en fut efpars &
la ioye vniuerfelle par toute la Chreftienté,
chafcun conceuant efperance, que par vne fi noble & fi fainfte Election, les foudres de guerre,
qui de toutes parts menaçoyent la S.te Eglife, fe
changeroyent en vne belle ferenité de Paix tref-
calme, & que la Nacelle de S. Pierre gouuernée
par vn Pilotte tant expert, ne craindroit les trou-
bles, ou les tempeftes des ennemis de Iefus-
Chrift, fi fouuent fufcitees & efmeües en cefte
grand mer de la Chreftienté.

C'eft pourquoy les Princes Chreftiens, &

ã 3

fpecialement la Majefté d'Henry quatriefme, par la grace de Dieu Roy de France, & de Nauarre, entendant que S. B. auoit efté efleuë Souuerain Pontife auec des fignes particuliers de l'affiftance du S. Efprit, grande vnion, & refiouïffance des Cardinaux, & de la cité de Rome, delibera pour fe monftrer vrayement tres-Chreftien, & fils aifné de la S. Eglife, le recognoiftre pour Pere & Pafteur, par Ambaffadeur expres, & fe coniouir de fi grande dignité à luy conferée, luy faifant offre de fon Roiaume, & de fa perfonne mefme en armes pour la protection du Bercail de IESVS-CHRIST, & l'encourageant à refpondre à l'attente, que le Monde auoit defia conceue de fes rares vertus, & mœurs fingulieres.

Pour fi noble Ambaffade, apres meure confideration, fut choifi par fa Majefté Tres Chreftienne le Seigneur D. Charles Gonzague de Cleues Duc de Neuers, Prince qui pour la nobleffe de fon extraction, generofité de courage, & valeur aux armes fe peut efgaler à tout autre de la France vray Seminaire des hommes belliqueux & illuftres. Et certainement, vn fi fignalé Ambaffadeur n'eftoit conuenable à autres, qu'à vn fi grand Pontife.

Son Excellence doncques ayant efté licentiée de la Court, & ayant faict voile à Marfeille à la volte d'Italie, accompaignée de quatre de ces galeres, & de grand fuitte de François Seigneurs de marque & grand qualité, fut royalement rencontrée par chemin, careffée, & receuë à Genes, & Sauone, au nom de celle Republique, auec coups d'artillerie, falue d'arquebufades, & Com-

pagnies

pagnies armées comme foldats. Fut en oultre
introduicte au Senat, & à ces fins luy fut allé au
deuant par quatre Senateurs iufques au pied des
degrez,& accueillie par le Duc mefme auec tous
les honneurs & fplendeurs qu'il eftoit poffible.

Arriuee par apres le Mardy 18. à Ciuità Vec-
chia, & faluëe par celle Citadelle de tires extraordinaires d'artillerie fut receüe par ceux que
le Pape y auoit commis d'vn appareil vrayement
royal, fa Saincteté ayant expreffement com-
mandé de n'auoir aucun efgard à la defpenfe, ou
efpargne quelle que ce fuft pour receuoir & lo-
ger conuenablement vn tel Prince.

Là quelques iours au parauant eftoient venus
pour faluër & faire la biẽ venue à S.E. le Seigneur
Fabio Gonzaga, l'Agent de Mantouë, le Seigneur
de Nauzet Abbé d'Homale, & le maiftre de
chambre de Monfeigneur de Breues Ambaffadeur refidant en cefte Court pour fa Majefté
Tres-chreftienne, auec bon nombre de carrouf-
fes de campaigne, lefquels furent gratieufement
accueillis & bien veuz par le Duc, qui fur fon
defpart voulut faire prefent de cent doubles,&
d'vne chaine d'or de deux cens efcus à chafcun
de ces Seigneurs qui l'auoient receu fi fplendi-
demẽt, mais ils ne fut par eux accepté, iaçoit que
S. E. leur en feift maintesfois inftance à la Fran-
çoife, & fans fcrupule de façon courtizane.

De là s'eftant transporté à Bracciano, fut logé
auec beaucoup de fplendeur au nom du S. D.
Virginio Orfino, lequel pour n'eftre à Rome, ne
le peut receuoir en perfonne. Vindrent au deuãt
d'icelle, Monfeigneur de Breues en perfonne, le

Marquis

Marquis de Malateſta, l'Eueſque d'Auranches, &
monſieur de Marchemont, auec grand nombre
d'autres Eueſques, Prelats, & Barons François,
& pluſieurs autres de ceſte Nobleſſe.

En ſuytte par chemin iuſques ſur les portes de
Rome preſque toute ceſte Cité luy fut au deuant, & en particulier le Seigneur Duc Sforza,
le Duc de Carpineto, le Marquis Palauicino, &
le Seigneur Marc Antonio Victorio neueu de
S.B. venu au nom d'icelle, pour ſaluer le Duc, qui
les accueillit tous, & particulieremēt ce dernier,
auec courtoiſie extraordinaire, s'eſtant deſcendu
à pied pour les receuoir, & puis, les ayant faict
entrer en ſa propre carrouſſe pour les honorer.

Les Illuſtriſſimes Cardinaux eſtans en ceſte
Ville de meſmes enuoyerent leurs maiſtres de
Chambre, & pluſieurs d'iceux leurs propres
Neueux, & parens pour honorer l'entrée de S.E.
& luy faire la bien venüe auec le compliment re-
quis. Ce que auſſi fit l'Illuſtriſſime Borgueze, le
Seigneur Ambaſſadeur d'Eſpaigne, les Excellen-
tiſſimes freres de S.B. & tous les autres Ambaſſadeurs des Princes & grands Seigneurs de ceſte
Court. Si que le nombre des Cheualiers & gens
de qualité eſtoit ſi grand, & tel le bruict des car-
rouſſes, flux & reflux du peuple, qui alloit & venoit par ces rues, que vous euſſies dict, que la
meſme Rome, arrachee de ſes propres fonde-
ments, s'eſtoit meüe par des ſignes extraordinaires d'allegreſſe, pour faire honneur à vn ſi grand
hoſte, & le receuoir ſuyuant ſon merite.

Mais noble vraiement, & magnifique ſur
toutes fut la bien venue, & rencontre faict à S.B.
pa

par les Illuſtriſſimes Cardinaux Gallo , Beuilac-
qua, Delfino , & Seraphino, en la carroſſe duquel
ils allarent preſque iuſques à Pontemolle pour
receuoir le Duc , lequel de ſi loing qu'ils les ap-
perceut venir , deſcendant promptement en terre , leur vint au deuant , s'inclina , & les remer-
cia par des parolles efficaces , & ſignes amiables
de gratitude. Et apres briefs complements dicts
& repliquez d'vne part & d'autre ; ces Illuſtriſſimes voulurent que S.E. auec Monſ⸱ de Breues, le
Duc Sforza, le Sr Marc Antoine Victorio entraſ-
ſent en leur carroſſe, l'Illuſtriſſime Serafin luy dó-
nant la meſme place qu'il auoit pour d'abondant
honorer la perſonne de S. E. en ceſte premiere
entree , qui fut faicte ainſi que s'enſuit:

Vn trompette de S.E. alloit deuant : venoient
apres à cheual deux à deux vingt arquebuziers de
ſa garde ordinaire, portans caſacques de velours
iaune , auec les croix de toile d'argent à la poi-
ctrine, & aux manches , les chauſſes d'eſcarlatte,
auec des larges clinquants d'argent. Suyuoient de
meſme ordre douze pages auſſi à cheual , & vne
trouppe de gentilshommes de la maiſon du Duc.
Finalement venoit S. E. au milieu de ces quatre
Illuſtriſſimes ſuperbement veſtue, laquelle eſtoit
ſuyuie de fort grand nóbre de carroſſes à ſix cheuaux, eſquelles eſtoient les plus principaux Seigneurs qui eſtoient venuz à ſa compagnie , &
preſque toute ceſte Nobleſſe Romaine, outre vne
infinité d'autres coches & caroſſes. Le peuple
eſtát accouru, & maints Cardinaux & Seigneurs,
pour voir S.E. ſi bien ce n'eſtoit encor qu'vne entrée priuée, & non cogueuë.

c̃

Le Duc estant descendu au Palais de Mons. de Breues, à ces fins appareillé à la Royale, & apres auoir benignement & courtoisement remercié & accompaigné iusques à la porte les susdicts Illustrissimes, & plusieurs autres venuz pour se resiouïr auec luy de son heureuse arriuee, il s'en alla incontinent auec Mons.r de Breues, le Duc Sforza, le Duc de Carpinetto, l'Euesque d'Auranches, Mons.r de Marchemót, & le Seig.r Abbé d'Homale, visiter sa Saincteté, qui les caressa extraordinairement, l'estreignant par plusieurs fois tendrement à son sein, & luy faisant tant, & de si signalez accueils & faueurs, qu'elle fit cognoistre clairement que la venue de ce Prince luy estoit grandement agreable, lequel de là fut visiter l'Illustrissime Borgueze, & les Excellentissimes freres de sa Saincteté, tous lesquels luy firent extraordinaires caresses & honneurs.

Son Excellence s'estant retirée à son logis s'occupa à receuoir priuément les visites de presque toute ceste Court, estant tous les iours splendidement festoyée de banquets auec les plus principaux de la Noblesse qu'estoit venuë de France en sa compagnie par Monsieur de Breues son hoste, cauallier vrayement né pour traicter affaires d'estat, & celebré pour deux Ambassades aux deux plus grands Potentats de la terre. Cependant s'apprestoiét les choses plus necessaires pour l'entrée solennelle de S. E. laquelle ensuyuit le Mardy 25. auec l'ordre cy apres dechifré.

Tous ceux de la Cité estoient desia accouruz & attroupelez à ce nouueau spectacle, les ruës remplies de carosses & de peuple, & les fenestres, &
lieux

lieux de veuë garniz de Princeſſes & de Dames,
quand de la porte que l'on appelle Angelique, par
où les Ambaſſadeurs de France, & de l'Empereur
ont de couſtume faire leurs entrees ſolennelles,
l'on vit arriuer ſoixante mulets chargez de diuerſes choſes, auec des tres-belles couuertes brodees
de ſoye de diuerſes couleurs, parmy leſquelles e-
ſtoient remarquees douze de velours cramoyſi
d'vne admirable beauté, à cauſe de l'abōdance de
l'or & de l'argēt, varieté des couleurs, & richeſſe
des broderies, chaſcune ayant les armoiries & deuiſes de S.E. auec leurs doubleures de velours ris
cramoiſi, & franges d'or à l'entour. Les mulets en
outre eſtans ferrez d'argent, auec les teſtieres, bil-
les, & autres harnois auſſi d'argent, grands plu-
maches de diuerſes couleurs, meſmes au lieu de
cordes, de fort riches cordons de ſoye cramoiſie.
Par apres marchoient les deux Compagnies des
cheuaux legers de la garde de ſa Beatitude, auec
leurs cornettes & guidons à la teſte. Enſuyuoient
les mulets des Illuſtriſſimes Seigneurs Cardinaux
au nombre de 40. auec leurs houſſes de pourpre,
& garnitures Pontificales, les eſtaffiers portant
dernier les eſpaules les chapeaux rouges, ainſi
qu'eſt de couſtume en telles ſolennitez.

De ſuyte cheuauchoient trois trompettes de
S.E. reueſtus de caſacque de drap iaune, bandees
d'vne large brodeure de ſoye noire & blanche,
les chapeaux noirs doublez d'armeſin iaune, auec
diuerſes plumes. Suyuoient les 20. arquebuziers
du Duc, conduits par le Seigr de la Capelle leur
Capitaine, derriere eſtoient les pages de Monſeigneur de Breues, auec la liurée accouſtumée

de velours verd, ſuiuis par ceux de S.E. veſtuz de
chauſſes, caſacques, & cappots de drap iaune,
auec des bandes larges de brodure de ſoye noire
& blanche, pourpoints de velours ras iaune, les
chapeaux noirs auſſi doublez d'armeſin iaune,
auec plumes de diuerſes couleurs. Suyuoiét apres
les plus principaux courtiſans des Illuſtriſſimes
Cardinaux, & pluſieurs gentils-hommes Romains veſtuz noblement en nombre de deux
cens.

Toſt apres comparurent deux à deux montez
ſur des fort braues cheuaux en belle ordonnance
quatre vingts Gentils-hommes François veſtuz
vne partie de tres fin drap, l'autre de velours ris
canelé, garnis & chamarrez de clinquants d'or
larges, & eſpeſſemét ſerrez, auec chapeaux de ca-
ſtor de coleur naturelle, tres-belles plumes blanches, tres riches ioyaux de diamants, de groſſes
chaines d'or au col, les eſpees dorees, les pendãts
brodez en canetille d'or & de perles. Leſquels
Seigneurs eſtoient ſans manteaux, à la façon de
Frãce, ce que faiſoit vne monſtre fort ſuperbe; de
ſorte que Rome qui n'a de couſtume de beaucoup admirer ſemblables nouueautez, eſtoit
toute eſtonnée de voir cela, ſe ramenteuant par-
aduenture, que telle eſtoit la pompe de leurs an-
ceſtres quand ils triomphoient des nations plus
barbares & de leurs ennemis, dont ils auoient
rapporté la victoire.

Venoient derriere quarante des Barons d'icy,
& apres eux les Trõpettes du Palais, & quatorze
Tãbours du Senat Romain, auec leurs caſacques
accouſtumees de drap rouge. Suyuoit la famille
de ſa

de sa Sainctete aussi habillée de rouge, en nombre de 60. Et apres cheuauchoient autres Barons Romains des plus principaux, & puis quatre gentils-hommes de la maison du Seigr Ambassadeur d'Espaigne bien habillez, derrier lesquels venoient vingt Françoys des plus notables habillez de velours ris canelé couuerts de broderie & clinquants d'or, les chapeaux remplis de ioyaux & enseignes auec des fort beaux pennaches blancs, & grand quantité de diamants, & d'autres ioyaux, a sçauoir:

Le Conte de Tonnerre,
Le Marquis de Renel,
Le Conte de Vignory,
Le Marquis d'Ascerac,
Le Seigneur de Monluc,
Le Visconte de Bordes,
Le Visconte de Tallar,
Le Visconte de Rabat,
Le Baron de Brissac,
Le Seigneur D'ocquaire,
Le Baron de Verrepel,
Le Baron d'Aniry,
Le Visconte de Celles,
Le Seigneur du Pont,
Le Seigneur d'Armentieres,
Le Baron de Ragny,
Le Baron de Mauissieres,
Le Baron de Cornac,
Le Visconte de Morsseu,
Le Baron de Rugny.

Apres eux outre le Seigneur Fabio Gonzague, & le Seigneur Marc Antoine Victorio, estoient plusieurs Ducs, Marquis, & Contes, & presque tous les Seigneurs de marque Romains : parmy lesquels fit fort beau voir le Seigneur Duc Sforza, auec vne belle enseigne de diamants au chappeau, & vn collier au col remply de pierreries de grand prix, estant au reste vestu somptueusement suyuant son ordinaire. Ensuyuoient apres les Massiers du Palais auec leurs masses d'argent accoustumées, & derrier cheuauchoit l'Excellence du Seigr Iean Baptiste Borguesi frere de sa Saincteté. Et apres luy venoient de costé les Suisses de la garde du Pape, & au milieu marchoient douze eſtaffiers de S. E. pareillement habillez de drap iaune, auec leurs caſacques, manteaux & chauſſes couuertes de bãdes larges & eſpeſſes de broderie,de ſoye noire & blanche,pourpoints de velours ras iaune,bas de chauſſes & iarretieres de ſoye auſſi iaune, auec pennaches de diuerſes couleurs,y eſtans auſſi ſix Suiſſes de S.E. habillez encor de la meſme liurée,toutesfois à leur mode, & ſans mantea u. Venoient de ſuyte deux Mores veſtuz de deux riches iuppes de damas rouge chamarré d'or,les bonnets de peluche noire,doublez d'autre rouge & des longues plumes blanches, menans à main deux cheuaux de S. E. harnachez de leurs ſelles en broderie d'or fort belles.

En apres, vn peu d'eſpace entre-deux, comparoiſſoit l'Excellence du Seigneur Duc au milieu du Patriarche de Hieruſalem, & de l'Archeueſque S. Vital, ſur vn fort beau cheual auec ſes fers,bride,eſtries & autres harnois d'or maſſif,veſtu d'vn habit de coleur de Roy tiſſu, & couuert de groſſe canetille d'or, comme auſſi le pendant d'eſpée,le ceincturon & chapeau tous en deuiſes de diamants & autres ioyaux, auec vn fort beau pennache d'aigrettes blanches, & ſans manteau.

Immediatement venoit Monſeigneur de Breues au milieu de deux Archeueſques,& ſuyuoient derriere autres Eueſques & Prelats au nombre de 50. Son Excellence ayant eſté ſaluée de maints coups d'artillerie,& auec beaucoup de concerts & accords d'inſtruments harmonieux, & des trompettes de la garde des Suiſſes à S. Pierre, & du Chaſteau S. Ange au paſſer le pont d'Adrian
voir

voire fauorisée en ceste action du ciel mesme, qui s'estant tout à coup rendu clair & serein, sembla se resiouïr & prendre plaisir à l'apparoir d'vn tel Prince, ayāt S.E. mōstré sa generosité & gentilesse digne veritablement de Prince, en saluant vn chascun, & faisant part à vn chascun de celle Affabilité Frāçoise, qui est la Calamithe, ou Aimant attractif des cœurs Italiens, & des autres nations bien nées, & gentiles. C'est pourquoy elle fut honorée & receüe auec acclamation & applaudissement des Romains, ainsi que l'on faisoit iadis aux Anciens Triomphants, & estoient ouyes de toutes parts les voix resonantes du peuple s'escriant, Viue France.

En ceste pompe l'Excellence du Duc cheuaucha iusques au palais de Rucellai, où estoient les deux portes principales superbement ornees de par tout, voire iusques soubs le toit du couuert, de grandes armoiries dorees de sa Saincteté, & du Roy, & plus bas celles de l'vn, & de l'autre Ambassadeur, auec si grande abondance d'or & de festons, & de telle varieté de couleurs, & deuises, s'y voyant par tout florir les lis d'or, si que auec raison, elles sembloient aux regardants des Arcs triomphants. Le Palais au reste estant orné & meublé de tapisseries tres-riches, & des choses necessaires à S.E. & aux siens, tandis qu'il sera seiour à Rome, sans que rien y defaille. En quoy la diligence & industrie du St. Abbé d'Homale est remarquable, ayant esté employé & estably par le Duc peu de iours au parauant.

Son Excellence finalement estant descendue de cheual, & monté les degrez apres auoir remercié

cié d'vne grace, & courtoisie, nõpareille tous ces
Qualifiez & Barons Romains, qui l'auoient accompaigné, il trouua autrefois en la Sale les sus
mentionez quatre Illustrissimes Cardinaux, qui de
nouueau estoient venuz visiter & saluer S. E. aus-
quels apres auoir benignement faict la reueren-
ce, & les auoir seruy à leur despart iusques au
pied des degrez se retira en sa chambre, les sales
& chambres demeurãs pleines de tant de Caual-
liers & Seigneurs auec tant de pennaches & aigrettes, tant d'or & tant de ioyaux qu'il sembloit
bien que cela fust l'ancien Capitole, ou le nauire
fabuleux des Argonautes.

Les portieres estoient haussees, & toutes les
sales, chambres & antichambres ouuertes pour
plus grande magnificence. Et si bien aux portes
estoient les arquebuziers du Duc, & leur Capitaine mesme, auec son baston accoustumé en main,
n'estoit neantmoins contredicte ou empeschée la
veuë, le saluer & entrer, voire iusques dans la
propre chambre de S. E. garnie de tapisserie, de
soye de grand valeur, & beauté, appartenant à S.
E. comme aussi estoient le dais, ou chaire pour
s'asseoir, le lict, les escabeaux, & couuerture de la
table de chãbre de velours rouge chamarrez d'v-
ne broderie espesse & large de canetille d'or, deux
autres dais de brocatel tresbeaux, & la Creden-
ce mise en la sale, laquelle par la multitude,
grandeur, & ouurages des vases d'or & d'argent
que y estoient, faisoit vne belle monstre, pres d'i-
celle estát appareillée en vn quartier du logis vne
somptueuse table auec vingt trois assiettes, &
toute chose agencée auec tant de magnificence,
& splen

& ſplendeur, que l'on cognoiſſoit bien les Princes
François eſtre autretant de Roys, & que la France
en cecy auoit ramaſſé & mis enſemble ſes plus
nobles grandeurs.

Venu puis apres que fut le ieudy matin, iour
deſtiné à la ſolemnelle ceremonie du Conſiſtoi-
re public, Son E. s'achemina vers S. Pierre, mar-
chant deuant luy toute la garde des cheuaux le-
giers de ſa Sainéteté. Apres leſquels venoient les
trois trompettes de S. E. auec les harquebuziers
ordinaires de cheual, & leur Capitaine noblement veſtu ayant en la main vn gros baſton d'e-
bene, des tresbelles plumes blâches au chapeau,
& vne riche chaine au col. Snyuoient quelques
vns des plus principaux de la maiſon du Duc au
nombre de 60. & derriere eſtoient les familles de
ces quatre Illuſtriſſimes Cardinaux, apres leſquels cheuauchoient cent cinquante Gentils-
hommes François veſtus de noir, auec des broderies & trapoinétes tres riches; ayant la plus
part d'eux des manteaux doublez de peluche,
chaines d'or, & chapeaux enioyalez, auec grands
boucquets de tresfines plumes blanches. Venoient en ſuyte les Seigneurs & Barons Romains au nombre de cent, auec des accouſtrements de façon extraordinaire, & apres eux
eſtoient quatre Gentils-hommes de la maiſon du
S. Ambaſſadeur d'Eſpaigne. Suyuoiét les 20. qualifiez François, admirables & qui ſe faiſoient re-
garder entre tous à cauſe de la richeſſe de leurs
accouſtrements, multitudé denſeignes, & bonne
grace de leurs plumes & pennaches.

Apres leſquels venoient pluſieurs Ducs, Mar-

quis, & autres Qualifiez Romains, auec des habits, & houſſes tres riches. Entre leſquels le Seigneur Duc Sforze pour faire hôneur à S.E. & ſer-
uir ſa Majeſté Treschreſtienne, ſe voulut ſignaler
en ceſte tres-ſolennelle action par vne nouuelle
liurée & tres-noble habit. Il auoit quatorze eſtaffiers, & deux pages auec leurs capots de ſarge de
Florence noire, chamarré tout à l'entour de
feuillages de toile d'or & d'argent en broderie de
diuerſes coleurs, vn grand pam de large, auec des
tresbeaux paſſements d'or au bord de la broderie, pourpoincts de ſatin & chauſſes de velours
bleu, auec des collets de peau parfumez, d'Eſpaigne paſſementez d'or, les bas de ſoye, & iarretieres d'or bleu expres dorées, & chapeaux auec les
cordons des meſmes paſſements & broderie, &
grands bouquets de plumes blanches & bleües.

Au milieu d'iceux venoit le Seigneur Duc
Sforza ſes gregues à bas attachez, le collet de
ſenteur, le manteau de ſatin figuré de couleur
violette, doublé de toile d'argent, auec la croix
de l'Ordre fort riche, & quatre bandes larges à
l'entour de la broderie meſme, pourpoint de toile
d'argent, & chapeau noir ceinct d'vn cordon de
groſſes perles, & diamants, auec vn boucquet
d'aigrettes noires tresbeau, la houſſe de ſon cheual toute couuerte de groſſe broderie en canetille d'argent.

Venoit en apres le Seigneur Maurice Breſſius
Orateur du Roy, reueſtu d'vne longue robbe de
Senateur de velours noir, & derrier luy eſtoit
la garde des Suiſſes de ſa Saincteté apres laquelle marchoient les deux Mores de S. E. me-
nants

nants deux cheuaux à la main auec deux fort belles houffes ouurées en broderie d'or fuyuiz par
douze eftaffiers , douze pages , & fix Suiffes qui
eftoient de S. E. auec leurs manteaux & chauffes
de velours noir tout chamarré de larges & doubles bandes de velours rouge, couuert de groffe
broderie de canetille d'or, pourpoints & doubleures des manteaux de fatin cramoyfi paffe-
menté d'or , bas de chauffes de foye , & jarretie-
res de cramoyfi, bónets de velours noir, auec des
cordons bandez de force paffements d'or , &
grands bouquets de plumes noires,& iaunes , les
efpées dorées auec les forreaux & pendants de
velours noir. Mais les pages au lieu des chauffes
fimples portoient des chauffes entieres , c'eft à
dire les bas attachez,auec decoupeures de la mefme broderie , doublees de fatin cramoifi , & aux
manteaux eftoient attachees des longues manches de velours noir chamarrees à trauers de fem-
blable broderie , les Suiffes eftans veftus de celle
mefme liurée, mais en leur mode ordinaire. Venoit apres l'Excellence du Seigneur Duc au milieu d'entre le Sr Iean Baptifte Borguefe , & l'Ar-
cheuefque de Zara auec chauffes , collet , manteau,& houffe de cheual de velours ris noir, tout
brodé & couuert de diuers feuillages & ouurages
de fort bonne grace, façon de grenades noires, &
petites marguerites,qui a efté eftime vn accou-
ftrement tres-fomptueux, non feulement pour le
grand prix & ouurage exquis qu'eftoit en iceluy,
mais auffi à caufe qu'il reprefentoit certaine gra-
deur & majefté. Soubs le manteau eftoient fept
brillants,vn bel enfeigne au chapeau, ioinct à vn

tres beau bouquet d'aigrettes,& autres enseignes à son col à guise d'vn collier de grand prix, estans tous ensemble de la valeur de plus de 150. mil escus. Derriere S.E. cheuauchoit Monsr de Breues entre deux Archeuesques, auec vne tres-grande suite d'autres Euesques, Archeuesques & Prelats.

Arriuée doncques que fut S. E. à sainct Pierre, saluee par chemin de frequentes cannonades du chasteau S.Ange,& de la garde des Suisses, il môta auec les Seigneurs qui l'accompaignoient à la grand sale des Roys, là où estoit desia le Pape auec tout le sacré College,& le reste de la Court pour le receuoir.

Sa Beatitude estoit assise en vn lieu haut & eminent, auquel l'on montoit par des petits degrez garnis de drap rouge sur vn Siege couuert de brocatel d'or rouge, & dessoubs vn riche bas de drap d'Arazzi de soye, & d'or auec les habits & ornemens Pontificaux accoustumez.

L'Ambassadeur de Venise,estant assis droict de sa Sainctete,& en vn eschelon plus bas, celuy de Savoye,& plus bas, les deux excellents Illustrissimes freres de sa Saincteté, & à ceste gauche les plus nobles de la maison de sa Saincteté habillez de rouge, auec maints Euesques & autres Prelats qui ont de coustume assister au Pape en semblable solennité Et puis à l'entour côme en forme d'vn tres noble theatre estoient assis les tres-Illustres Cardinaux en lieux hauts & releuez, vestus de pourpre, ainsi que de leur coustume.

Là S.E. ayant au prealable baisé les pieds de sa Saincteté,de laquelle elle fut embrassée & receuë d'affection paternelle , & presenté ses lettres de

croyance

croyànce, il presta au nom de sa Magesté Tres-
Chrestienne l'obeissance deüe au Siege Aposto-
lic, & à S. B. Et fut recitée vne docte & elegante
oraison par le susdit Seigneur Maurice Bressius,
auquel fut respondu par monsieur Strozzi Secre-
taire des lettres latines de S. S. ce que finy , S. E.
retourna baiser les pieds de S. S. & de mesme en feirent tous les Seigneurs Qualifiez &
les Gentils-hommes venus auec elle de France.
Madame de Breues, & madame la Duchesse Sfor-
ce accompagnees de beaucoup d'autres dames
de la Court estant demeuré à veoir le tout sur vn
eschafaut fait expres. La ceremonie paracheuée,
& le Sacré College cōgedié, sa Saincteté retint à
disner l'vn & l'autre Ambassadeur, les tables
estans dressees & disposees comme sera dit.

Sa Saincteté estoit soubs vn fort beau dais de
damas rouge passementé d'or, dont tout le logis
estoit paré, vestue de blāc, & seule à vne petite table, & à main gauche de sa Saincteté estoit vne
autre petite table si bien vn peu plus bas, au milieu de la mesme chambre estoit vn autre petite
table, où estoient assis S. E. & Monsieur de Breues.
Et si bien durant le disner, qui fut à la verité exquis, l'on entendoit diuers concerts d'Instru-
mens & de Musique chanté par les chantres du
Pape, en vne chambre proche de là. Sa Saincteté,
ayant fait demonstration extraordinaire de son
affection par des signes de courtoysie presentez à
l'vn & à l'autre d'iceux.

Les tables leuées & sa Saincteté s'estant faict
approcher, & seoir pres ces Seigneurs, s'entretint
presque vn heure en propos familier auec eux de

diuerses choses, auec tant d'affabilité & douceur qu'ils en restarent grandement satisfaicts. Comme tres-satisfaicte & contente est restée toute ceste Cité, & les gens de marque, des honneurs & bons accueils receuz du Duc, ia soit que pour la diuersité des ceremonies & compliments, & diuersité des qualitez & precedences, bien souuent soit necessaire le filet ou cordeau d'Ariadne à qui traicte en ceste Court.

Resteroit à descrire les liurees des laquais, Pages, & Estaffiers des Seigneurs François, lesquelles se passent pour briefueté. Baste seulement pour le contentement du lecteur, dire cecy, Qu'il n'y a eu gentil-homme qui n'en eust deux ou trois, & plusieurs quatre & six noblement vestus pour la diuersité des brodeures, & coleurs, bien que en ce triomphe tres-solennel entre gentils-hommes & qualifiez se soyent veuz plus de quatre cens.

Il faut donc conclurre que la Magnificence de la maison & despense de ce Prince est si grande, telle la richesse & valeur des tapisseries, accoustrements, argenteries, & ioyaux: si grande la multitude & qualité des Gentil-hommes qui le seruent, outre les gardes des Suisses & arquebuziers, les Capitaines, les Musiques des Instruments & des voix, & des officiers doubles, à l'imitation & ressemblance du Roy, que l'on cognoit clairement que la France a aussi ses Cesars, Crasses, & Luculles: Et que S. E. est vrayement digne Ambassadeur d'HENRY.

F I N.

PERMISSION.

IL est permis à Claude Larjot maistre Imprimeur de ceste ville de Lyon, d'imprimer le recit de l'arriuee, & entree de Monseigneur le Duc de Neuers, faicte à Rome le vintcinquiesme Nouembre, mil six cẽs & huict : & deffenses à tous autres Imprimeurs de ceste Ville, de ne les imprimer, aux peines portées & accoustumées. Faict le cinquiesme Ianuier, mil six cens & neuf.

DE VILLARS.

mal-heureuse himenee qui ne m'ont
feu retenir pour ne naiftre plein
d'imperfidie, laquelle ie confeffe des
à prefent auoir miferablement con-
juree contre vous & voz Eftats, de-
mandant pardon à V. A.

Donques Monfeigneur, fçachant
tres-bien que la cleméce à toufiours
honoré les victoires de voftre efpee,
& comme defireux de rendre fignalé & memorable voftre bonté par
vne feule grace digne de vos grandeurs, donnez s'il vous plaift la vie à
vn qui fe rend coulpable, à qui la
naiffance de la fortune auoit promis
vne plus belle mort. Ie diray mon
Seigneur que dans voz combats &
batailles i'ay aprins à combatre, &
fuis à prefent digne de porter le nom
de Capitaine, fauf la faute que i'ay
faicte, pour reparation d'icelle don-

nés moy pouuoir d'aller contre les
Barbares, & qu'encor vne fois le Ro-
yaume de Chipre tourne à voſtre
Eſtat, que voz enfans puiſſiont dire
que i'aye remiſſion de mes delicts à
l'aquiſitiõ de ce tres opulent Royau-
me, iuſtement leur apartenant. Et
qu'à l'auenir la memoire demeure
eſtoufee des fautes par moy commi-
ſes, faicte le donc Monſeigneur, ne
regardez pas tant à la conſequence
de ce pardon, qu'à la gloire d'auoir
peu & vouloir pardonner vn crime
puniſſable. Ie diray auec la verité que
les ſataniques, & maudittes auarice,
& ambition, m'ont forcez auec l'Eſ-
pagnol, me pouſſant en ce caribde
m'ont fait tres-bucher dans ce labé-
rinte. Ie diray qu'il & impoſſible que
ce crime fut arriué à vn autre, parce
que l'enuie m'en voudroit en ce fait,

& nul

& nul de voz subjet ne pouuoit estre
attaquez que moy : parce que les
grädeurs où vous m'auiez esleué me
faisoit paroistre par dedans voz sub-
jets, & me rendoit enuieux aux esträ-
gers : tellement que comme le foudre de Iupiter ne tumbe que sur les
hautes tours & lieux eminents : ainsi
ce foudre de mauuaise conspiration,
c'est plustost adressé à moy qu'à vn
autre, par les pernicieux & mal-heu-
reux artiffices de ceux qui aymoient
mieux ma ruïne que ma grandeur.
Ces raisons vous esmeuuent Monseigneur, pardónez à vostre creature, &
luy ordonné tel exil qu'il vous plaira,
& vous m'obligerez prier pour vostre santé & prosperité, demeurant à
V. A.

    Vostre seruiteur,

D'ALBINY.